AF671063

Das Elend des Schusters

Gedichte

Christoph Sebastian Widdau

FSC
www.fsc.org
MIX
Papier aus verantwortungsvollen Quellen
Paper from responsible sources
FSC® C105338

Bibliografische Information der Deutschen Nationalbibliothek: Die Deutsche Nationalbibliothek verzeichnet diese Publikation in der Deutschen Nationalbibliografie; detaillierte bibliografische Daten sind im Internet über dnb.dnb.de abrufbar.

© 2023 Christoph Sebastian Widdau

Herstellung und Verlag:
BoD – Books on Demand, Norderstedt

ISBN: 9783741282898

Für meine Mutter

Inhalt

Das Elend des Schusters

Das Elend des Schusters
Bleichgerieben im Rahmen des Durchgangs
Schmiegt er sich an die Sohle
Die feine im Licht
Umspielt den Senkel
Und zieht
Vergibt die Crème
Und zieht
Überträgt sein Werk
An Schwielen

Dass du damit gehen kannst, ruft er
Wem milde hinterher, fast zart in einen Wind
Sodass sich der erste Schaden einprägt
In dem feuchten Asphalt
Und zieht

Armer schwarzer Kater

Armer schwarzer Kater
Schnitzt das Holz am Wehr
Gräbst um das Laub und Werk
Wenn der Topf aber nun ein Loch
Mantelst dich um mit Gestrüpp
Wendest um die Steine im Fluss
So schlägt um dich der Mond
Der aufgegangen
Der Wolf und die sieben
Sense, Sensenmann und Puffbahn

Blütenschlag

Blütenschlag
Gerafft in der Lupe der Zeit
Heimlich im Geschoss des Daches
Nahm ich mir eine Zunge von dir
Schmeckte ein und schmeckte aus
Umstrich mich mit dem Messer
Schnitzritzte ins Gebälk
Bis die Blüte ausschlug
Und sacht sank auf den Boden
Des Geschosses im Keller
Den nun du begehst
Mit der Blüte
An deiner Ferse

Wirst zu meinen Liedern

Wirst zu meinen Liedern
Muscheln schöpfen gehn
Im Lichtpunkt dieses Leuchtturms
Blinzelnd Fersen drehn

Wirst zu meinen Gesten
Möwenröte sehn
Im Glücksfund dieses Schlosses
Sand ins Meer zu wehn

Wirst zu meinen Spielen
Ins Nichts die Worte säen
In Nadeln dieser Düne
Uns streichelnd niederschmähn

Dass ich dich umkränzen darf

Dass ich dich umkränzen darf
Mit meinem Silbenacker
Ist nichts als ein Erntefest
Das ich ausrichte
Um uns zu verzehren
An dir

Buschfunk, liebes Kehlchen

Buschfunk, liebes Kehlchen
Gerücht sind wir beide am Knipprand

Im Flügelschlag des Reihers
Im Wehrwerk des Flusses
Im Ausfall der Blüte

Fange ich dich, um dich zu lassen
Um dein Gefieder nicht zu streicheln
Damit wir Gerücht bleiben
Und um mich auszubreiten
In deiner Röte und deinem Nest

Trugschluss des Alltags

Trugschluss des Alltags:
Dass wir Gespräche führen

Der Stall

Der Stall
Durchsiebtbelaubt
Im Bretterverschlagsteinbruch
Ertönt ein Laut
Den du ausmistest
Im Untergang der Zeit
Die sich staut

Nimmst du die pferdelose Kutsche
Schlägst in die Luft
Und lässt dich beschlagen
Um zeitlos zu sein
Um zeitlos zu bleiben
In dem, was Stall war

Im Tal hingen die Fenster

Im Tal hingen die Fenster
Leuchtend und grellend
In allen Farben des Bogens

Trugst du Kiesel
In verschlissenen Taschen
Klopftest an Scheiben
Mit den Kieseln kratzend

Und batest um Steine anderer Art
Und wurdest behangen
Und wurdest geschmückt
Ohne Unterlass einpreisend
Den Aufstieg

Vergeudung des Ziffernschlages

Vergeudung des Ziffernschlages
Nicht an deiner Wange
Nicht an deinem Schenkel
Nicht an deinem Blatt
Den Zeiger schiebend
Das Werk inspizierend
Irgendein Blatt weißend
Schände ich an der Zeit
Die unsere ist

Aus dem Schrank

Aus dem Schrank
Nähe ich dich aus
Klopfe ich dich aus
Masere ich dich aus
Mustere ich dich aus

Stopfe dich
In einen Strumpf
Den ich in einen Stiefel kleide

Um mit dir
Den Eingang des Hauses zu schmücken
Der gestiefelte Rahmen

Wenn ich die Schwelle betrete
Ist es mir eine Schwelle

Die Schippen

Die Schippen
Auf den Schultern
Stiegen wir hinab zu dir
Mit Stiefeln und Schürzen
Mit dem Projektor an der Leine
Warfen wir Licht

Bandagierten uns
Im Zahnfleischblut
Suppte dann ein Wort
Getösespeicher

Schlichen wir hinauf zu dir
Und schossen das Bild
Das belichtete Bild
Für den Spind
In den wir die Schippen verstauen

Werkspind, Zangenkind

Werkspind, Zangenkind
Mit dem Stock zollend
Dich abzunabeln
Von dem, was Leib war
Als es Leiber gab

Der Schrei
Als Signal für die Aufnahme
Zu enthaken die Apparatur
Die dich bannt

Mit der Schere vom Boden
Metallgeschirr am Läppchen
Wurdest du ausgesetzt
Als Abbild und Türschild

Der Dom, erstickt im Nebel

Der Dom, erstickt im Nebel
Zeitsperre, Eiszeitplatz
Ein Hauch in reinen Zweigen
Steinerner Menschenschatz

Reckt sich bis zum Tastpunkt hoch
Im Schwindel engt ein Schal
Du streichelst Treppenstufen
Und träumst unter dem Mal

Und balgst dich mit dem Kerzenlicht
Figuren gaffen bang
Es hallt in tödlich Sehnsucht
Ein Bruch im Klanggesang

Mythisches Bewusstsein

Mythisches Bewusstsein
Bin ich vor einer geweißten Wand

Hockend deinen Namen aussprechend
Auf Wirkung hoffend

Bevor das Pflaster
Die Lippen umspannt

Und du lautlos hallen lässt
In bloßem Dir

Den Abstand zu dir
Zu vergrößern

Finde mich

Finde mich
Über den Stallungen
Rücklings galoppierend
Lachend und zerschlagen
Und mich schmiegend
Inmitten des Schnees, der schmilzt
Schlage ich zu was
Anmutig war an dir

Scharfgeschürzt umtanzt sie Glück

Scharfgeschürzt umtanzt sie Glück
Rehkitzt aus weiter Ferne
Mond Schneegestöhn und Sterne
Als Augenlichtspielstück

Entschlüpft Strümpfen die knallen
Kratzt zehrend lang am Stein
Am Horizont ein Schein
Als Schicksalstrauerhallen

Als du dich zu sagen trautest

Als du dich zu sagen trautest
Was dir entspricht
Wurdest du ortlos
Wurdest du lautlos
Wurdest du fühllos

Nichts einfacher als das
Vom Innersten zum Äußersten

Als Zweck eines Mittels
Das du nicht begreifst

Als du sagtest

Als du sagtest
Nichts anderes zu haben
Nichts anderes zu sein
Als dein Wort
Geriet das Beäugtwerden
Zum Seziertwerden
Eines unerhörten Käfers

Der dann wusste
Dass er nichts anderes hat
Dass er nichts anderes ist
Als sein Wort

Grubenunglück

Grubenunglück
Ohne Unterlass
Bereite ich dich vor

Mit einem Federkiel
Mit einer Spieluhr
Mit dem Etui einer Brille
Mit einem Soldbuch
Und Meisterwurz

Die Verschüttung zu preisen
In dem Spitzdachgeschoss
Das meines nicht ist

Zeitgeist II

Disruptivabgrundinnovativ
Geistschnürende Prothese
In Nervenströmen ohne Ziel
Spaziergangsfahrtgewese
Schlägt um, was du gewesen bist
In Kontingenzauslese

Zur Mühle, Pflaume, Birne

Zur Mühle, Pflaume, Birne
Glasperlenspiegeldirne
Schlägst dich, Arachne, aus im Fass
Und spinnst dich durch die Kehlen
Gekonnt in brüchig Seelen
Reift insgeheim der Hass

Zur Mühle, Pflaume, Dirne
Rundgabendeckenstirne
Schlagt ihr, fühllos, faustend nieder
Singt schräglauthals falsche Lieder
Den, der uns ersucht um Firne
Zur Mühle, Pflaume, Birne